Anonymous

Das Luther-Jubiläums-Büchlein zum 400sten Geburtstag Dr. Martin Luthers,

des grossen deutschen Reformators - 1. Band

Anonymous

Das Luther-Jubiläums-Büchlein zum 400sten Geburtstag Dr. Martin Luthers,
des grossen deutschen Reformators - 1. Band

ISBN/EAN: 9783743445253

Hergestellt in Europa, USA, Kanada, Australien, Japan

Cover: Foto ©ninafisch / pixelio.de

Manufactured and distributed by brebook publishing software
(www.brebook.com)

Anonymous

Das Luther-Jubiläums-Büchlein zum 400sten Geburtstag Dr.

Martin Luthers,

Dr. Martin Luther.

Das

Luther-Jubiläums-Büchlein

zum

400sten Geburtstag Dr. Martin Luthers,

Des großen deutschen Reformators.

—————

Für unsere liebe Jugend.

Mit zwanzig hübschen Bildern.

Reading, Pa.:

In Commission der Pilger-Buchhandlung.

1883.

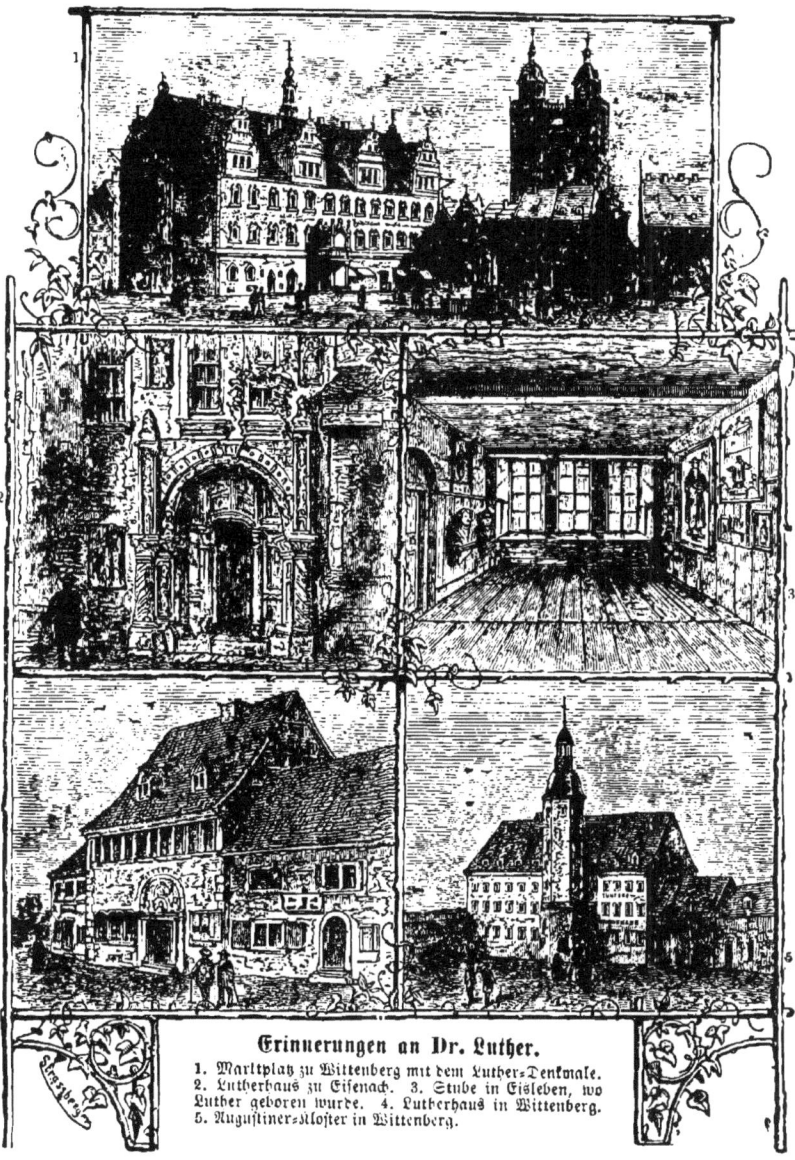

Erinnerungen an Dr. Luther.

1. Marktplatz zu Wittenberg mit dem Luther-Denkmale.
2. Lutherhaus zu Eisenach. 3. Stube in Eisleben, wo
Luther geboren wurde. 4. Lutherhaus in Wittenberg.
5. Augustiner-Kloster in Wittenberg.

1. Luther's Eltern.

Vor 400 Jahren wohnte in dem Dorfe **Möhra** in Deutschland ein Bergmann **Hans Luther** mit seiner Ehefrau **Margaretha Lindemann.** Seine Vor=

Hans Luther, der Vater Luthers.

eltern haben in diesem Dorfe schon gewohnt und waren B a u e r n gewesen. Hans Luther wurde mit dem Berg= bau bekannt. Es gab Kupfer=Gruben zu Möhra. Mit seiner Ehefrau zog er in die Stadt **Eisleben.** Hier in Eisleben wurde ihm am 10. **November** des Jahres **1483,** kurz vor Mitternacht, ein Söhnlein geboren, dessen Namen ihr alle kennt: **Martin Luther.** Ein halbes Jahr später ist Hans Luther mit Weib und Kind nach M a n s f e l d gezogen und hat dort zuerst ein armes und kümmerliches Leben geführt. Die Mutter mußte ihr Holz

Margaretha Luther, die Mutter Luthers.

im Walde sammeln und auf dem Rücken heimtragen. Hernach segnete Gott der Herr die Arbeit des Vaters und er konnte sich einen Antheil am Bergwerk erwerben. Von dem Grafen von Mansfeld erhielt er zwei Schmelz= öfen. Hans Luther war ein frommer Mann. Die Grafen schätzten ihn seines Fleißes wegen hoch. Auch seine Mitbürger ehrten ihn und wählten ihn zum

Rathsherr in der Stadt Mansfeld. — Die Mutter Margarethe, eine geborene Lindemann, wurde auch als Musterbild einer ehrbaren Frau gerühmt. Durch Gottesfurcht und Gebet leuchtete sie anderen Frauen voran. Luther's Eltern erreichten beide ein hohes Alter. Sieben Kinder wurden ihnen geboren, 4 Söhne und 3 Töchter. Als sie starben, waren noch 2 Söhne und die 3 Töchter am Leben und die Töchter waren Ehefrauen von Bürgern in Mansfeld geworden. Unser Luther schämte sich nicht, daß er von Bauern abstamme. Er sagte einstmals: „Ich bin eines Bauern Sohn; mein Vater, Großvater, Ahnherr sind rechte Bauern gewesen."

2. Martin Luther's Taufe.

Den 10. November 1483 wurde unser Luther geboren. Weil die Eltern ihm das Gnadengeschenk der **heiligen Taufe** so bald als möglich zu Theil werden lassen wollten, so hat Hans Luther gleich am folgenden Tage sein Söhnlein in die St. Petri Kirche zu Eisleben getragen. Es war gerade Martins-Tag (11. Nov.), deßhalb wurde dem Kinde in der Taufe der Name **Martinus** gegeben.

St. Martin war um's Jahr 316 in Ungarn von heidnischen Eltern geboren. Schon in seinem 16. Jahre mußte er Soldat werden. Später ging er nach Gallien, wo er sich taufen ließ. Wir wissen wenig von ihm. Doch wird uns erzählt, er sei ein tapferer christlicher Reitermann gewesen. Im Winter (so sagt die Legende) sah er einst vor dem Thore von Amiens einen

Armen, welcher fast nackt war und an allen Gliedern vor Kälte zitterte. Flugs griff Martin nach seinem Soldatenmantel und theilte ihn mit dem Schwert in zwei Theile. Er selbst behielt eine Hälfte und gab dem Armen die andere Hälfte des Mantels, um seine Blöße damit zu decken. In der folgenden Nacht erschien ihm Christus, mit der Hälfte dieses Kleides bedeckt. St. Martin wurde um seines Glaubens willen viel verfolgt. Er starb um's Jahr 400 als Bischof von Tours. Im Kalender steht sein Name am 11. November.

Luther's Geburt.

Unser **Martin Luther** hat an jenem christlichen Helden ein herrliches Vorbild gehabt. Gott der Herr selber hat auch Luther zu einem rechten Ritter gemacht, welcher muthig in den Kampf zog, des Herrn Kriege zu führen. Das Bild obenan zeigt uns die Stube in Eisleben, wo der kleine Luther das Licht der Welt erblickte. Das Kindlein ist geboren, und sein Vater bringt es im Gebet dem Herrn dar. Und oft kniete später der Vater vor dem Bette des Kindes und betete laut und inbrünstig, daß sein Sohn den Namen des Herrn im Gedächtniß behalten möchte. — Rechts an der Wand erblicken wir das Bild St. Martinus, von welchem das Knäblein seinen Namen erhielt.

---

3. Der kleine Luther in der Schule.

Der Vater brachte sein Söhnlein frühe in die Schule zu **Mansfeld**. Bei schlechtem Wetter nahm er den kleinen Martin auf den Arm, um ihn in die Schule zu tragen. Die R u t h e in der rechten Hand des Schulmeisters hat ihre Bedeutung, wie auch der wimmernde Knabe hinter dem Stuhle des Lehrers. Die Zucht jener Zeit war sehr streng. Zu Hause wie in der Schule wurde die Ruthe nicht gespart. An einem einzigen Morgen, so erzählt Luther selbst, sei er 15 Mal wacker gestrichen worden. Sein Vater war auch der Meinung, daß man seine Kinder nicht weichlich und allzu zärtlich halten müßte. Er hat vielmehr das Wort des weisen Königs Salomo sich gemerkt: „Wer seine Ruthe schonet, der hasset seinen Sohn, wer ihn lieb hat, der züchtiget ihn bald" (Sprüche 13, 24). Der Vater hatte seinen Sohn Martin lieb, aber Affenliebe, welche man heute bei so vielen Eltern findet, war es nicht. Darum hat er ihm keine Kindesunarten nachgesehen. Luther sagt selber: „Mein Vater stäupte mich einmal sehr, daß ich ihm floh, bis er mich wieder zu sich gewöhnte. Die Mutter stäupte mich einmal um einer geringen Nuß willen, daß das Blut darnach floß!"

Luther wird in die Schule gebracht.

In der Schule lernte der kleine Luther fleißig die **zehn Gebote, Kinder=Glauben, Vater=Unser** und christliche **Gesänge.** Weil der Vater an ihm einen

redlichen Fleiß und gute Anlagen wahrnahm, wollte er
ihn weiter ftudiren laffen.

4. Luther als Currendeſchüler.

Als Martin Luther 14 Jahre alt geworden war,
ſchickte ihn ſein Vater in die große Stadt
Magdeburg, wo eine berühmte lateiniſche Schule
war. Da konnte er gewiß viel mehr lernen als in
Mansfeld; aber es ging ihm in Magdeburg ſchlecht.
Sein Vater konnte das hohe Koſtgeld nicht länger als
ein Jahr aufbringen. Er mußte es machen, wie damals
die ärmeren Schüler alle thaten. Sie thaten ſich zu
6—12 zuſammen, ſangen vor den Häuſern ein
geiſtliches Lied, und empfingen dann eine Gabe. Das
nannten ſie den „Brotreigen ſingen.‟ Luther ſang
den Brotreigen auch fleißig. Aber viele harte Leute
hatten mit den armen Schülern kein Mitleid.

Mit dem 15. Jahre ging Luther nach Eiſenach, wo
Verwandte von ihm wohnten, die aber ſelber arm waren.
Auch hier ging es dem armen Jungen kümmerlich. Vor
den Thüren mußte er auch in Eiſenach um's Brot ſingen.
Manchmal traf er es freilich auch, daß er anſtatt Brot
oder einen Pfennig wohl ſaure Geſichter und Schelt=
worte einſtecken mußte. So kümmerlich hat ſich Luther
durchwinden müſſen. Denn was hernach groß werden
ſoll, muß ſich zuvor bücken lernen.

Da sang er einst vor der Thüre des reichen Bürgers
Cotta. Der Frau **Ursula Cotta** ging sein andächtiges

Luther als Currendeschüler.

Singen zu Herzen. Sie rief ihn herein, befragte ihn
und gewann ihn so lieb, daß sie ihn ganz in ihr

Haus aufnahm. Wie für ihre eignen Kinder sorgte sie für ihn. Jetzt konnte er ohne Sorgen studiren

und er that es auch mit allem Fleiß. Er lernte nun auch Musik, blies die Flöte und übte sich die Laute zu spielen. Der guten Frau Cotta ist Martin Luther allezeit dankbar geblieben und Eisenach nannte er immer seine liebe Stadt.

5. Luther auf der Hochschule.

Bis zum 18. Jahre blieb Luther in Eisenach. Sein Vater wünschte Martin sollte ein Rechtsgelehrter (Advocat) werden. Darum sandte er ihn 1501 nach **Erfurt** auf die Universität. Er studirte hier fleißig. Alle Morgen fing er sein Lernen mit Gebet an. Sein Sprüchwort war: „Fleißig gebetet, ist über die Hälfte studirt.“ Aber er hatte keine Lust, Advocat zu werden; lieber wäre er Geistlicher geworden. In's Kloster zu gehen, erlaubte ihm jedoch sein Vater nicht. Der verabscheute das Leben, das die Mönche in dem Kloster führten; die waren meist faul und sittenlos.

In seinen freien Stunden besuchte Luther die Bibliothek der Hochschule zu Erfurt. Eines Tages (er war schon 2 Jahre auf der Hochschule und 20 Jahre alt) fiel ihm ein Buch in die Hand, das ihm bis dahin ganz unbekannt geblieben war — eine lateinische **Bibel.** Zu seiner großen Verwunderung entdeckte er darin viel mehr Geschichten als die Evangelien, welche am Sonntag in der Kirche vorgelesen wurden. Auf der ersten Seite, die er aufschlug, fand er die Geschichte von der H a n n a und dem jungen S a m u e l; er las und konnte sich vor Freude kaum fassen. Das K i n d, das seine Eltern für das ganze Leben dem Herrn weihen, das L o b l i e d der Hanna, die Frömmigkeit des jungen Samuel — das Alles liest der Student mit herzlicher Lust, und er geht mit dem Wunsche heim: O, wenn mir doch Gott auch einmal ein solches B u c h bescheeren möchte. Er kommt wieder in die Bibliothek und liest mit immer größerer Freude in dem heiligem Bibelbuche. Er wollte auch ein Samuel werden und wie jener sprechen: „Rede, Herr, dein Knecht höret!" Und er ist ein treuer Knecht des Herrn geworden und hat den Christen verkündigt, was der Herr in seinem Wort zu ihm geredet hat.

6. Luther im Kloster.

—

Während seines Studiums hatte Luther so übermäßig gearbeitet, daß er in eine schwere Krankheit fiel. Er glaubte sterben zu müssen. Wie er so ganz elend da liegt, schickt der liebe Gott einen alten Priester zu ihm. Der redet ihm tröstlich zu: „Seid getrost, ihr werdet dieses Lagers nicht sterben, unser Gott wird noch einen großen Mann aus Euch machen, der viele Leute wieder trösten wird." L u t h e r genas. Aber Advocat wollte er nicht mehr werden. Er hatte einen Blick in das Grab hinein gethan und hatte v o n S t u n d an gar ernste Gedanken gehegt. Und als nun gar sein Freund A l e x i u s eines Morgens im Bette erstochen gefunden wurde und dann auch auf der Reise ein großes Wetter und furchtbarer Donnerschlag ihn erschreckte, ergriff ihn ein solch' Entsetzen vor Gottes Gericht, daß er alsbald beschloß, in ein K l o s t e r zu gehen. Er glaubte dadurch die ewige Seligkeit zu verdienen.

Am Abend des 17. Juli 1505 klopfte Luther in E r f u r t an die Pforte des **Augustiner=Klosters** und begehrte Einlaß. Das Thor öffnete und schloß sich wieder hinter ihm. Er war A u g u s t i n e r = M ö n c h geworden ohne Wissen und Willen seines Vaters.

Klöster gab es zu Luther's Zeit eine große Menge. Man pries das Mönchsleben als ein E n g e l s l e b e n. Darum entstanden immer mehr Mönchsorden, z. B. Franziskaner, Dominikaner, Augustiner, Kapuziner ꝛc.

Der Augustiner-Orden nannte sich nach dem gelehrten Bischof Augustinus, dessen Mutter Monika eine fromme Christin war. Luther las fleißig die Schriften des Augustinus und bekannte, daß er nächst der Bibel aus diesen Schriften die reine Lehre des Evangeliums kennen gelernt habe. Augustinus lebte von 354—430.

Luther tritt in das Kloster der Augustiner ein.

Im Kloster mußte Luther die niedrigsten Dienste thun. Mit dem Bettelsack mußte „Bruder Martin" durch die Stadt und vor anderer Leute Häuser gehen und Eier,

Butter und Brot sammeln. Er mußte die Glocken läuten, die Kirche ausfegen und andere Gemächer reinigen. Das that er Alles demüthig. Eifrig las er die Bibel. Aber was er that, brachte ihm nicht Seelenfrieden und Ruhe des Herzens. Vielmehr wuchs seine Unruhe und Gewissensangst, also daß er zuletzt schwer krank wurde.

Da tröstete ihn ein alter Klosterbruder mit den Worten des apostolischen Bekenntnisses: „Ich glaube an eine Vergebung der Sünden!" das machte auf Luther einen gewaltigen Eindruck.

Im Jahre 1508 wurde Luther als Professor nach **Wittenberg** berufen. Er predigte auch in der Schloß= kirche daselbst. Er predigte so gewaltig, daß die Leute nicht alle in die Kirche konnten. — Im Jahre 1510 mußte Luther eine Reise **nach Rom** machen. Das freute ihn sehr, weil er den Papst selbst sehen wollte. Der hieß der „heilige Vater."

Luther dachte: In Rom wohnen lauter fromme Christen. Als er die Stadt erblickte, kniete er nieder und sprach: „Sei gegrüßt, du heiliges Rom!" Er fand es aber dort ganz anders. Er sah hier Sünde und Schande bei denen, welche Hirten der Herde sein sollten. Er sagte später: „Ich wollte nicht 1000 Gulden nehmen, daß ich Rom nicht sollte gesehen haben."

In Rom zeigte man die Pilatus = Treppe. Diese Treppe befindet sich vor der Allerheiligen=Kapelle.

Es sind 28 Stufen aus Marmor. Die Treppe soll (so sagen die Katholiken) einst vor dem Richthause des

Des Papstes Herrlichkeit.

Pilatus zu Jerusalem gestanden und Jesus soll sie dort am Charfreitag bestiegen haben. Nur auf den Knieen darf man diese Treppe ersteigen. Wer auf den Knieen hinaufrutscht, soll Vergebung seiner Sünden haben. Noch heute steht das rechts und links an der Treppe angeschrieben. Die Gelegenheit wollte L u t h e r auch nicht versäumen. Aber während er auf den Knieen unter Gebet hinaufrutschte, da war's ihm, als rufe ihm immer eine Stimme zu: „D e r G e r e c h t e w i r d s e i n e s G l a u b e n s l e b e n." (Röm. 1,17). Dieses Wort trieb ihm der Herr auf der Rückreise als einen Keil noch schärfer in das Herz hinein. Zu Bologna wurde er todtkrank. Da kam ihm dieses Wort wieder wie ein helles Licht in die Seele. Als ein n e u e r Mensch kam Luther nach Wittenberg zurück. Das Wort: „Der Gerechte wird seines Glaubens leben," ist von jenem Tage an der Wahlspruch seines Lebens geworden.

Im Jahre 1512 wurde Luther **Doctor der Theologie.** Immer mehr junge Männer kamen nach Wittenberg, um von ihm zu lernen. Er wohnte im Augustiner=Kloster zu Wittenberg.

7. Die Mißbräuche in der katholischen Kirche.

Die Zeit v o r Luther wird das dunkle Mittelalter genannt. D u n k e l war es überall, weil das rechte Licht nicht leuchtete. A r m war diese dunkle Zeit an Gottes Wort, aber reich war sie an Irrthümern und greulichen Lehren. Der Papst in Rom wollte der „Stellvertreter Christi" auf Erden sein. Aber am Hof der Päpste herrschte die größte Lasterhaftigkeit. Manche Päpste waren Säufer und Mörder. Die meisten Bischöfe, Aebte und Mönche waren nicht besser. Mancher fromme Christ sah in seinem Leben nie eine ganze Bibel. Und überdies hätte er sie nicht lesen dürfen, weil der Papst das Bibellesen verbot. Dagegen lehrte man das Volk, es soll die Heiligen verehren und die Jungfrau Maria anbeten. Auch Kleider, Knochen und Haare der Heiligen wurden verehrt. Durch Fasten, Wallfahrten und Selbstpeinigungen suchten Leute ihre Seligkeit zu verdienen.

Noch mehr falsche Lehre. Beim heiligen Abendmahl lehrt die römisch-kath. Kirche, der Priester verwandele das Brot und den Wein in Leib und Blut Christi. Dann geben sie nur den Priestern den Kelch und nicht den Gemeindegliedern, obgleich Christus sagt: „Trinket alle daraus. — Die **Ohrenbeichte** und das **Meßopfer** wurden eingeführt. Auch ein **Fegfeuer** wurde gelehrt. Ebenfalls wurde das Gebet gemißbraucht. Sie haben sich Perlenschnüre gemacht, die sie **Rosenkranz** heißen; immer auf 10 kleine Perlen kommt eine große; auf einem großen Rosenkranz sind 165, auf einem kleinen 55 Perlen. Sie fassen eine große Perle an und beten ein Vaterunser, worauf sie die große Perle fallen lassen. Dann kommt die kleine Perle, welche sie solange mit den Fingern festhalten bis sie ein Ave Maria gebetet haben. So geht es nun fort, bis alle 55 oder 165 Perlen abgebetet sind; auf jede kleine Perle einen Maria-Gruß und auf jede große Perle ein Vaterunser.

Die katholische Kirche war durch und durch verdorben. Das Schlimmste war noch, daß man alle Christen, welche an Gottes Wort sich erbauten, als Ketzer verfolgte. Man hatte Ketzer-Gerichte eingesetzt, um nachzuspüren, ob Jemand eine Bibel hätte. Viele Christen sind von ihnen gepeinigt und lebendig verbrannt worden. Damit haben sie gemeint, dem lieben Gott ein frommes Werk zu thun. Also finster und traurig sah es damals aus in der katholischen Kirche.

---

8. Der Ablaßhandel und die 95 Thesen.

Der Papst Leo X. brauchte Geld, um die Peterskirche in Rom auszubauen. Um es zu bekommen, versprach er **Ablaß** oder Vergebung der Sünden allen denen, welche ihm Geld dafür geben. Durch Deutschland zog 1517 **Johann Tetzel**, ein Dominikanermönch, und sammelte das Sündengeld ein. Es war dies ein schlechter Mensch, welcher früher einmal wegen Ehebruch sollte ersäuft werden. Wer ihm Geld gab, bekam einen A b l a ß z e t t e l, auf welchem des Papstes Unterschrift stand. Ferner war auf dem Zettel gesagt, daß dem Inhaber die Sünden vergeben seien. Tetzel zog von Ort zu Ort und pries in der frechsten Weise dem Volke seine Waare an. Er pflanzte ein rothes Kreuz mit des Papstes Wappen auf und ermahnte von den Kanzeln das Volk, Ablaß zu kaufen. Mit großer Pracht wurde er überall empfangen. Die Schuljugend mit ihren Lehrern, die Geistlichkeit, die Beamten der Stadt, Jungfrauen in weißen Kleidern und viel Volks zogen ihm entgegen. Die Glocken wurden geläutet. Nach seiner

Taxe kostete Zauberei 2, Vielweiberei 6, Mord 8, Kirchenraub und Meineid 9 Dukaten; dabei hatte er ein Sprüchlein:

Sowie das Geld im Kasten klingt,
Die Seele aus dem Fegfeuer springt.

Als Luther einst in Wittenberg Leute zur Buße ermahnte, wollten einige von Buße nichts hören, weil sie ihre Sünden bezahlt hätten. Den Luther empörte solcher Betrag; er fing an gegen diesen Unfug zu predigen. Seine Predigten regten mächtig das Volk auf und der Zudrang war groß zu denselben. Mancher rechtschaffene Christ hatte längst ebenso gedacht, aber es nicht auszusprechen gewagt.

In der Nacht vor dem 31. Oktober 1517 hatte Friedrich der Weise, Kurfürst von Sachsen, auf seinem Schlosse zu Schweinitz einen **Traum,** den er selbst also beschreibt: „Nach Mitternacht träumte mir, wie der allmächtige Gott einen Mönch zu mir schickte, der hatte zu Gefährten alle lieben Heiligen, die sollten dem Mönch ein Zeugniß geben, daß er ein wahrhaftiger Gesandter Gottes sei, und Gott ließ mir gebieten, ich sollte dem Mönch gestatten, daß er mir etwas an meine Schloßkapelle schreiben dürfe, es würde mich nicht gereuen. Ich ließ ihm nun sagen, er möchte schreiben, was ihm geboten wäre. Darauf fing der Mönch an zu schreiben und machte so grobe Schrift, daß ich sie hier zu Schweinitz (8 Stunden von Wittenberg) erkennen konnte. Er führte auch eine so lange Feder, daß ihr oberes Ende bis gen Rom reichte und einem Löwen, der zu Rom lag, (Papst Leo), in ein Ohr stach, auch die päpstliche dreifache Krone erschütterte, daß sie anfing zu wackeln und herunterfallen wollte. Darüber brüllte der Löwe so greulich, daß Alles herbeilief, um zu erfahren, was geschehen wäre, und der Papst begehrte, ich sollte dem Mönch wehren, weil er sich in meinem Lande aufhalte. Wir bemühten uns nun sehr, dieses Mönches Feder zu brechen; aber je mehr wir uns bemühten, desto mehr starrte und knarrte sie, wie wenn sie von Eisen wäre, also daß es mir in den Ohren wehe that und durch's Herz ging. Endlich wurden wir müde und ließen ab, weil wir befürchteten, der Mönch könne mehr als Brot essen; doch ließ ich ihn fragen, wie er zu dieser

1. Martin Luthers Thesenfeder.

festen Feder gekommen sei. Er ließ mir sagen, sie komme von einer hundert=
jährigen böhmischen Gans, (Huß), daß sie aber so fest wäre, käme daher, daß
man ihr den Geist nicht nehmen, noch die Seele herausziehen könne.

Als Tetzel seinen Handel immer frecher trieb, schrieb
Luther an 4 Bischöfe und bat, daß sie dem Tetzel
Einhalt thun möchten. Diese riethen Luther sich nicht
in Dinge zu mischen, die den Papst und die Kirche be=
träfen. Da schrieb Luther seine **95 Sätze** (Thesen
gegen den Ablaß) auf einen großen Bogen und schlug
sie am **31. Oktober 1517** an die Thür der Schloßkirche
zu Wittenberg an. Das war der Anfang
zur Reformation. Wir feiern darum auch am
31. Oktober jedes Jahr unser Reformationsfest.

Luther's Thesen machten großes Aufsehen. Sie
waren in 2 Wochen schon in ganz Deutschland be=
kannt. In 4 Wochen konnte man sie schon in Jeru=
salem kaufen. Es war, als ob die Engel selbst
Botenläufer gewesen. An allen Orten sprach man
von dem muthigen Mönch zu Wittenberg. Der Papst
wollte natürlich so einem Mönchlein nicht nachgeben
und that ihn 1520 in den Bann. Darauf that nun
Luther einen Schritt weiter und sagte sich vom Papst=
thum los, indem er am 10. Dezember 1520 die
päpstliche Bulle (Bannbrief) vor dem Elsterthore zu
Wittenberg vor vielen Zuschauern verbrannte.

Luther schlägt die 95 Thesen gegen den Ablaß an. (1517.)

9. Der Reichstag zu Worms.

Der Kaiser zu Luther's Zeit hieß **Karl V.** Er war der mächtigste Fürst und besaß in allen Welttheilen große Länder. Darum sagte man: In seinem Reiche ging die Sonne nicht unter. Karl V. berief einen R e i ch s t a g nach **Worms** 1521. Da sollte Luther erscheinen und sich verantworten.

Auf der Reise nach Worms wollte man Luther bange machen. Er aber sprach: Wenn sie gleich ein Feuer machten zwischen Worms und Wittenberg bis an den Himmel hinan, so will ich doch hin und Christum bekennen. Als Luther schon die Stadt W o r m s von Weitem sah, schickte sein Freund S p a l a t i n einen Boten und ließ ihn warnen, nicht in die Stadt zu kommen. Luther schrieb aber dem S p a l a t i n zurück: „Wenn so viel Teufel zu Worms wären, wie Ziegel auf den Dächern, so wollte ich doch hineinkommen." Am 16. April 1521 fuhr Luther auf offenem Rollwägelein, mit seiner Mönchskutte bekleidet, in Gottes Namen zu Worms ein. Die Leute standen in den Straßen und auf den Dächern, um ihn zu sehen. Mehr als 2000 Menschen drängten sich ihm nach bis in seine Herberge. Am nächsten Tage mußte er vor der Reichsversammlung erscheinen. Die Straßen waren so voll Menschen,

daß er hinter den Häusern durch die Gärten ziehen mußte, um nur durchzukommen.

An den Thüren des großen Saales standen mehrere Ritter. Einer von ihnen, der tapfere **Georg v. Frundsberg,** klopfte Luther auf die Schulter und sprach: „Mönchlein, Mönchlein! Du gehst jetzt einen Gang, dergleichen ich und mancher Oberst auch in der schwersten Schlacht nicht gethan haben. Bist Du aber auf rechter Meinung und Deiner Sache gewiß, so fahre in Gottes Namen nur fort und sei getrost; Gott wird Dich nicht verlassen.

Nun stand Dr. Luther

vor Kaiser und Reich. Neben dem Kaiser Karl saß dessen Bruder Ferdinand, 6 Kurfürsten, 24 Herzöge, 8 Markgrafen, 30 Bischöfe und Prälaten und außerdem eine große Menge Fürsten, Grafen und Herren, Bischöfe und Doktoren. Mehr als 5000 Menschen, die in dem Saale und vor den Fenstern standen, sahen allein auf Luther. Vor dieser Versammlung stand der Augustiner-Mönch. Man legte ihm seine B ü c h e r vor und fragte ihn, ob er sie für die seinigen erkenne und ob er w i d e r r u f e n wolle? Die erste Frage bejahte er; aber wegen der zweiten bat er sich einen Tag Bedenkzeit aus. Am folgenden Tage gab er die mannhafte Antwort: Es sei denn, daß ich mit Zeugnissen der heiligen Schrift, oder mit klaren und hellen Gründen überwiesen werde, sonst kann und will ich nichts widerrufen, weil es nicht gerathen ist, etwas wider das Gewissen zu thun. „**Hier stehe ich, ich kann nicht anders, Gott helfe, mir Amen!**"

Eine lautlose Stille ging durch die Versammlung, bis Luther abgeführt war. Das freudig und muthig abgelegte Bekenntniß hatte ihm viele Herzen gewonnen. Am 26. April verließ er Worms. Der Kaiser gab ihm sicheres Geleit, aber in die R e i ch s a ch t wurde er doch erklärt.

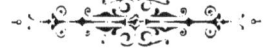

10. Luther auf der Wartburg.

Als Luther von Worms nach Wittenberg zog, wurde er im Thüringer Walde von Reitern überfallen. Sie rissen ihn aus seinem Wagen, warfen ihm einen Mantel über, setzten ihn auf ein Pferd und ritten mit ihm davon. Alle Welt glaubte, seine Feinde hätten ihn getödtet. Aber sein treuer Kurfürst, Friedrich der Weise, hatte dies befohlen, um Luther in Sicherheit zu bringen. Die Reiter des Kurfürsten führten ihn aber auf die **Wartburg.** Hier lebte Luther

Die Wartburg.

wie ein Rittersmann und wurde Junker Georg genannt. Nur heimlich durfte der Kurfürst ihn beschirmen.

Auf der Wartburg schrieb Luther eine Anzahl Schriften. So bald nun eine Schrift des Gottesmannes erschien, merkten wohl seine Freunde und Feinde, daß er noch am Leben sei, aber den Ort konnten sie nicht erfahren. Das größte Werk, das er hier begann, war die Uebersetzung der **Bibel** in die deutsche Sprache. Er fing mit dem Neuen Testament an und 1522 konnte es schon gedruckt werden. Mit seinem Freunde Philipp Melanchton ging er auch an das Alte Testament und wurde damit 1534 fertig. Diese vortreffliche Bibelübersetzung war das beste Rüstzeug für Ausbreitung der evangelischen Lehre. Es ist überhaupt erstaunlich, wie viel Luther in 25 Jahren geschrieben hat. Man hat berechnet, daß ein Abschreiber, welcher täglich zehn Stunden mit Gemächlichkeit schriebe, ein ganzes Menschenleben damit zubringen würde, um alles abzuschreiben, was Luther geschrieben hat; und doch hat er noch so viel nebenher gethan, was ihm ein anderer so leicht nicht nachthun wird. Ein Buch kennen die Kinder alle, welches Luther's Namen trägt; es ist:

Der Katechismus. — Der kleine Katechismus wurde von Luther 1529 verfaßt, als er im Auftrag des Kurfürsten von Sachsen eine Visitation der Kirchen und Schulen abgehalten hatte. Er fand eine sehr große Unwissenheit in göttlichen Dingen bei Kindern und Erwachsenen. Für die Geistlichen und Lehrer schrieb er den g r o ß e n Katechismus. Der k l e i n e ist das beste Schulbuch, und ein Kleinod, das noch heute unübertroffen dasteht. J o a = ch i m, Fürst zu Anhalt, schrieb in seinen Katechismus: „Nächst der Bibel ist dies mein liebstes Buch." F r i e d r i ch II., Herzog von Schlesien, verlangte mit diesem Büchlein in der Hand begraben zu werden. Schon im

16. Jahrhundert wurde dies Büchlein in 13 Sprachen übersetzt und später viel mehr. — Noch ein Buch verdanken wir Luther: **Das Gesangbuch.** — Das erste deutsche Gesangbuch gab Luther 1524 heraus; es enthielt 8 Lieder. Alle Jahre kamen neue hinzu, so daß bei Luther's Tode es schon 150 waren, von denen er selbst 36 gedichtet hatte. Auch treffliche Melodien hat er geschaffen, wie zu dem gewaltigen: „Ein' feste Burg" ꝛc. Lieder und Melodie hat das Volk rasch auswendig gelernt und so haben die Lieder geholfen, die neue Lehre zu verbreiten.

---

11. Der Reichstag zu Augsburg.

Das Evangelium hatte in vielen Ländern Eingang gefunden. Die katholischen Fürsten wollten dies verhindern. Deshalb wurde zu Speyer ein Reichstag 1529 abgehalten. Die Evangelischen protestirten gegen die Unterdrückung, darum nannte man sie und auch uns noch heute Protestanten.

Jetzt berief der Kaiser Karl V. einen neuen Reichstag nach **Augsburg** 1530. Hier wollte man die evangelische Lehre ausrotten. Die Lutheraner ließen sich dieses nicht gefallen. Luther schrieb die Hauptglaubenslehren nieder. **Melanchthon** verfaßte darnach das Bekenntniß, welches als die **Augsburger Confession** bekannt ist. Luther durfte nicht nach Augsburg, weil er noch in der Reichsacht war. Er blieb in Coburg. Am 25. Juni wurde das Glaubensbekenntniß vor dem Kaiser verlesen. Die evangelischen Fürsten standen auf, denn sie wollten stehend mitbekennen. Der Kaiser wollte lateinisch vorlesen lassen; der Kurfürst aber verlangte, daß auf deutschem Boden auch Deutsch verlesen würde. Dr. Baier verlas hierauf das Bekenntniß mit lauter, klarer Stimme (28 Artikel) bei zwei Stunden lang. Der Kaiser lauschte mit gespannter Aufmerksamkeit der Vorlesung. Auch viele Tausende hörten zu.

Coburg und die Veste mit der Lutherstube.

Sieben Fürsten und zwei Reichsstädte hatten dieses Bekenntniß unterschrieben; aber Hunderttausende stimmten freudig der bekannten Lehre bei.

Philipp Melanchthon war ein treuer Freund Luthers. Er war 1497 zu Bretten in Baden geboren und wurde im 21. Jahre (1518) Professor zu Wittenberg. Sein Ruhm verbreitete sich über ganz Europa. Er überlebte Luther und starb den 19. April 1560.

12. Luther's häusliches Leben.

Luther hatte sich 1525 mit **Katharina von Bora** verheirathet und führte ein sehr glückliches Familienleben. Er war freigebig wie selten ein Reicher. Als V a t e r war Luther sehr streng. Seinen Sohn H a n s ließ er einmal wegen eines Vergehens drei Tage lang nicht vor sich kommen und sagte: „Ich wollte lieber einen todten als einen ungezogenen Sohn haben." — Aber er war auch wieder sehr freundlich und mild, so daß seine Kinder nicht bloß Furcht, sondern herzliche Liebe und kindliches Vertrauen zu ihm hatten. Darum sind auch seine Kinder alle wohlgerathen. Er hatte deren sechs: **Johannes**, (Hans), wurde ein Rechtsgelehrter und starb 1575 in Königsberg; **Elisabeth** und **Magdalena** (Lenchen) starben frühzeitig; **Martin** studirte Theologie, starb aber vor vollendetem Studium; **Paul** studirte Medizin und wurde Leibarzt des sächsischen Kurfürsten; **Margarethe** verheirathete sich mit einem Edelmann in Preußen.

Es wäre wohl manche liebliche Geschichte zu erzählen, wie glücklich Luther mit seiner Gattin gelebt. Auch von seinem Söhnchen Hans wäre zu sagen, wie er denselben unterrichtet hat; oder wie er mit seiner Käthe und den 6 Kindlein W e i h n a c h t e n gefeiert und um den hellen Christbaum gesungen hat. (Siehe das

Bild.) Auch von seinen **Freunden** (Phil. Melanch=
thon, Dr. Joh. Bugenhagen, Justus Jonas, Georg
Spalatin, Prof. Creutziger, Joh. Mathesius, Joh.
Walther dem Musiker, und Lucas Cranach dem Maler),
könnte man Vieles berichten. Ebenfalls wären viele
Beispiele anzuführen, wie er den Armen in der Noth
geholfen.

So gab er einem armen Bettler den letzten Joachimsthaler und sprach
dazu: „Joachim heraus, der Heiland ist da!" Ein ander Mal kam ein
Mann auf seine Studirstube, und bat um eine Unterstützung. Luther hatte
selbst kein Geld. Da besann er sich und holte das Pathengeld seines jüngst=
geborenen Kindes und gab es dem Armen. — Gleichfalls kam ein armer
Student und bat um Reisegeld. Luther suchte und fand einen schönen
Silber=Becher, den ihm der Kurfürst zum Geschenk gemacht hatte. Rasch
drückte er den Becher mit beiden Händen zusammen und sprach: „Da nimm
ihn, trag ihn zum Goldschmied und was er Dir gibt, das behalte."

Auch manchen Schmerz hat Luther erfahren. Es sei
nur der Heimgang seiner Tochter Magdalena erwähnt.
Lenchen war ein frommes Kind und ihres Vaters
Liebling gewesen. Als sie krank da lag, frug er sie:
„Mein Töchterlein, Du bleibst gern hier bei Deinem
Vater?" Sie erwiederte: „Ja Herzen=Vater, wie
Gott will." Als sie im Sterben lag, fiel er an ihrem
Bette auf die Kniee und weinte bitterlich und bat Gott
sie zu erlösen. Da entschlief sie in seinen Armen.

Doch hier müssen wir mit diesem Büchlein zum
Schlusse eilen und noch von dem seligen Sterben des
großen Reformators Bericht geben.

13. Luther's Tod.

Bei allen Kämpfen mit den Irrlehrern blieb Luther durch Gebetsfreudigkeit frisch und wohlgemuth. Ob ihn auch bei seiner großen Arbeit eine schwere Krankheit befiel, welche ihm viele Schmerzen bereitete: er ermattete nicht. Als er im Winter 1546 von den beiden **Grafen von Mansfeld** gebeten wurde, zu ihnen nach Mansfeld zu kommen, um einen Streit zu schlichten, war er gern bereit.

Ende Januar reiste er nach Mansfeld, obwohl er leidend war. Sein Freund Dr. Jonas begleitete ihn von Halle aus. Er schlichtete den Streit und dachte schon an die Heimkehr. Da erkrankte er in Eisleben plötzlich schwerer denn je. Seine Freunde pflegten ihn so gut sie konnten. Seine beiden Söhne Martin und Paul und Dr. Jonas wachten bei ihm. Er fühlte den Tod herannahen und betete inbrünstig. Dreimal hinter einander betete er: „Vater, in deine Hände befehle ich meinen Geist; Du hast mich erlöset, Herr, Du getreuer Gott." Am 18. Februar gegen 3 Uhr Morgens beugte sich Dr. Jonas über ihn und fragte: „Ehrwürdiger Vater, wollt Ihr auf die Lehre sterben, die Ihr geprediget habt?" Da sprach der Sterbende ein lautes: **Ja!** das war Luthers letztes Wort. So ist er am **18. Februar 1546** in **Eisleben** gestorben, wo er auch geboren und getauft wurde. Die ganze Lutherische Christenheit trauerte. Unzählige Menschen strömten nach Eisleben, wo Dr. Jonas eine tiefergreifende Leichenrede hielt. Dann wurde die Leiche nach Wittenberg gebracht. In allen Orten, durch welche der Zug kam, läutete man mit den Glocken zusammen. Am 22. Februar wurde die Leiche zu **Wittenberg** in der Schloßkirche vor dem Altar begraben, wo noch heute sein Grab gezeigt wird. Sein Freund Philipp Melanchthon hat ihm hier beim Begräbniß die Leichenpredigt gehalten. — Was der Gottesmann gesäet, ist millionenfach aufgegangen zur Ehre unseres Herrn Jesu Christi.

14. Luther als Kinderfreund.

Seht, wie lustig die Kindlein mit den Engeln spielen. Es muß sich wohl gut springen und tanzen lassen, wenn Engel mit den Vögeln um die Wette die Musik dazu machen. — Und die Früchte auf dem Baume sind gewiß auch nicht schlecht. Seht wie der kleine Hans auf dem Steckenpferde den goldenen Apfel, welchen er gepflückt hat, so jubelnd hoch hebt, daß ihn alle bewundern sollen. — Den Mädchen bindet der Engel hier vorn in der Mitte einen Strauß der schönsten bunten Blumen. Aber der kleine Engel da in der Ecke sieht mir gerade so aus, als wenn er ausschaute, ob nicht noch mehr Kinder Lust hätten, in den Garten zu kommen und mitzuspielen. — Wer erkennt wohl den Mann, der mit dem Gärtner über die Gartenthür den Kinderspielen so vergnügt zuschaut? Der sieht ja ganz wie Dr. Martin Luther aus. Ja, er ist's auch. Der Garten gefällt ihm so gut, daß er alle Kinder dorthin wünscht, darum hat er darüber den Brief geschrieben, der an der Seite des Bildes hängt, und was er geschrieben, hat der Maler für euch aufgezeichnet, damit ihr es ordentlich beschauen könnt.

Den Brief schrieb Luther an seinen Sohn Hans oder Johannes, den er im Briefe Hänsichen nennt. Luther war auf der Veste Coburg im Jahre 1530. Es war damals der Reichstag in Augsburg, wo die

Fürsten und Städte offen ihren Glauben vor dem Kaiser bekannten. Luther durfte nicht nach Augsburg, weil er vom Kaiser in die Reichsacht gethan war. Aber in der Nähe wollte er doch sein. So zog er von Wittenberg, wo seine Familie blieb, mit bis nach Coburg. Hier betete er für die Bekenner. Auch flogen die Briefe mit Rath und Trost von Coburg nach Augsburg.

Aber auch an seine liebe Familie in Wittenberg schrieb er manchen Brief. Einmal kam in Wittenberg ein Brief von Vater Luther an, der war für den kleinen Hans geschrieben. Dieser Brief lautete also:

Gnade und Friede in Christo, mein liebes Söhnichen.

Ich sehe gern, daß Du wohl lernest und fleißig betest. Thue also mein Söhnichen, und fahre fort. Wenn ich heimkomme, so will ich Dir einen schönen Jahrmarkt mitbringen. Ich weiß einen hübschen lustigen Garten, da gehen viele Kinder innen, haben güldene Röcklein und lesen schöne Aepfel unter den Bäumen und Birnen, Kirschen, Spilling und Pflaumen, singen und sind fröhlich; haben auch schöne, kleine Pferdlein mit güldenen Zäumen und silbernen Sätteln. Da fragt' ich den Mann, deß der Garten ist, weß die Kinder wären? Da sprach er: Es sind die Kinder, die gern beten, lernen und fromm sind. Da sprach ich: Lieber Mann, ich hab auch einen Sohn, der heißt Hänsichen Luther, möcht' er nicht auch in den Garten kommen, daß er auch solche schöne Aepfel und Birnen essen möchte und solche feine Pferdlein reiten und

Lieber Gott,
mach mich fromm,
daß ich in den Himmel komm!

mit diesen Kindern spielen? Da sagte der Mann: Wenn er gern betet, lernet und fromm ist, so soll er auch in den Garten kommen, Lippus und Jost auch, und wenn sie alle zusammenkommen, so werden sie auch Pfeifen, Pauken, Lauten und allerlei Saitenspiel haben, auch tanzen und mit kleinen Armbrüsten schießen. —Und er zeigt' mir dort eine feine Wiese im Garten zum Tanzen zugerichtet, da hingen eitle güldne Pfeifen, Pauken und feine silberne Armbrüste. Aber es war noch frühe, daß die Kinder noch nicht gegessen hatten, darum konnte ich des Tanzens nicht erharren und sprach zu dem Mann: Ach, lieber Herr, ich will flugs gehen und das alles meinem lieben Söhnlein Hänsichen schreiben, daß er fleißig bete, lerne und fromm sei, auf daß er auch in diesen Garten komme; aber er hat eine Muhme Lene, die muß er mitbringen. Da sprach der Mann: Es soll ja sein, gehe hin und schreib' ihm also. —Darum, liebes Söhnlein Hänsichen, lerne und bete ja getrost, und sage es Lippus und Jost auch, daß sie auch lernen und beten, so werdet ihr miteinander in den Garten kommen. Hiermit sei dem allmächtigen Gott befohlen, und grüße Muhme Lenen und gieb ihr einen Kuß von meinetwegen. Anno 1530 Dein lieber Vater.

Martin Luther.

Luther am Schreibtisch.

Der Doktor Luther saß und sann,
Sein Söhnchen saß dabei,
Und Luther schrieb und Hänschen sang,
Als ob's ein Vöglein sei.

Studire wer studiren mag
Bei solchem Klang und Sang!
Ein strenger Blick, ein ernstes Wort!
Dem Kleinen wurde bang.

Doch lange währt' es nicht, so klang
Das Liedchen fort auf's neu';
Nur sang das Hänschen leiser jetzt
Und mit geheimer Scheu.

Da lächelte der Gottesmann,
Weil ihm ein Gleichniß kam,
Das er von seinem lieben Kind
Für sich und uns entnahm.

Er schrieb: „Also will Gott es auch,
Deß Güte täglich neu:
Wir sollen vor ihm fröhlich sein
In ehrerbiet'ger Scheu."

40